MW01330864

V

É

R

T

I

G

O

Vértigo

Almendra Tello

ISBN: 9798849640914

1.- Misofonía
2.- El mago
3.- Lucas
4.- Muela
5.- Silencio
6.- Pretérito
7.- Palabrerías
8.- Llévame bailando
9.- Sábado
10.- Sombra
11.- Quince

1.- Cazador
2.- Seré
2.- Ven conmigo a cenar
3.- Averno
4.- Bicordio
5.- Gasparín
6.- Delirio
7.- Follaje
8.- Caída
9.- De ti
10.- Vértigo

Misofonía

Ella sentía que su corazón era un pájaro carpintero tallando un escondrijo a toda hora. Aborrecía tanto ese sonido que, a veces, entre dormida y despierta, quería desplumarlo. Y, cuando el eco la visitaba en pesadillas, caminaba sonámbula en busca de agua para beber y, al mismo tiempo, ahogarlo. Sus latidos se asemejaban al ruido de un caballo desbocado desde la noche en que su corazón sufrió una arritmia y fue intervenida de urgencia.

En el sonido que provocaba el implante metálico radicaba su amargura. Pasó semanas sin dormir, meses sin salir, y un año solo con música para sus oídos.

Le quedó la misofonía que la ahuyentó de todo y de todos.

Podía oír la sangre entrar a su corazón, llenar las aurículas, y bombear los ventrículos. Navegar en la lava que recorría su cuerpo. En sus oídos se suspendía cada imagen, cada una con su vibración. El detonante era variado, desde el timbre de un teléfono, los pasos cansados de un caminante, el vuelo de un insecto, hasta su propia respiración.

Su hipersensibilidad sensorial la convertía en habitante externo de su cuerpo.

Cuando la lluvia arreciaba, los sentidos se dividían y, al unísono, sus órganos eran relojes marcando tiempos diversos.

El aguacero era lo único que se detenía.

Eran pocos los sonidos que no la trastornaban.

Hasta un rayo inesperado de luz podría dejarla ciega y sumergida, en un silencio de destellos.

En la visita de los sábados, yo le llenaba el refrigerador de alimento suficiente tanto para ella como para su gata.

Me sentía confiada porque eran dos años de paz mental para mi paciente. La veía feliz. Hasta estuve segura de que ya no sería capaz de destaparse el corazón y quitarse el implante con un sacacorchos.

La gata que había encontrado en el patio de la clínica llegaba puntual al desayuno. Después del banquete, arqueaba su cuerpo tricolor de arriba hacia abajo. Se iba en la tarde y regresaba en la noche. Para ella fue milagrosa su compañía, tanto que cuando estaba con la gata era como si se apagaran los ruidos y se marchara del planeta. Evidentemente, sus oídos descansaban.

Sus piernas hacían de puente y peinilla.

A la gata le gustaba empinarse y buscar más caricias, era su manera de dar gracias por el desayuno o asegurar la cena.

Los exámenes médicos indicaban que físicamente estaba saludable. Los resultados de las terapias mentales confirmaban lo que yo veía.

La felicité por el avance que hacía en dominar la ira ante los sonidos que aún la irritaban.

Pronto sería hora de que pudiera irse a casa. Y vivir sin sobresaltos. Hasta podría llevarse a la gata de mascota.

Eso le dije.

Después pedí mis vacaciones del año y no supe más del caso hasta hoy que, faltando un día para su alta, me llamaron.

La habían encontrado en el piso, con un hueco en el pecho.

Al parecer, al salir de mis vacaciones no hubo quien llenase la refrigeradora, y la gata había estado encerrada, maullando, día tras día, sin parar.

Eso le devolvió el desasosiego.

No pudo dominar su hipersensibilidad auditiva y

nuevamente la intolerancia la sacó de este mundo.

Esta vez para siempre.

El mago

Nunca antes había visto a un hombre tragarse mis gritos cuando llegaba al clímax, hasta que conocí a El Mago. Él disfrutaba del sexo tanto como yo, se daba sin reservas ni tabúes, se preocupaba por mí, era amoroso como recién casado y sincero como ninguno. Podía contar con él para lo que fuese.

La complicidad entre nosotros era cada vez más fuerte, conversábamos de temas transcendentales y hasta planes hacíamos. Yo podía saber qué tipo de mujeres deseaba -aparte de mí- con quién iría a tener sexo al siguiente día -aparte de mí- y las fantasías que mojaban sus sueños también mojaban los míos.

Me sentía afortunada de haber encontrado un sátiro e inteligente a la vez. Son tan escasos o, para ser clara, no me gusta cualquier sátiro, ni cualquier inteligente. Deben tener la dosis exacta de lucidez y locura, y otras cualidades que me provoquen caer de rodillas ante él.

Era viernes y en la mañana, antes de salir, me observé al espejo de pie a cabeza, de lado a costado, cada movimiento. Cada respiro lo veía frente a mí y en imágenes multiplicadas. Me sentía nerviosa, pero feliz, decidida.

Ese día cumpliría una de mis fantasías.

Antes debía resolver la matrícula en mi universidad, al

extremo de la ciudad. Odié terriblemente esos kilómetros que me separaban de aquella oficina, deseé tener alas y llegar por mi cuenta. Quería hipnotizar al mundo con una palmada y hacerlo todo a la vez, tantas cosas quise, pero lo único que servía en ese momento era contener mi impaciencia y hacer la fila en ventanilla. Como era el último día de matrículas parecía que la cola era interminable. Mi desesperación se comenzaba a notar en mis manos, y en mis ojos, clavados en el reloj.

Dos horas después, el celular vibró en la mochila. Lo saqué, casi temblando. El Mago. Me dijo que nuestra cómplice está lista. Sólo faltaba yo.

Media hora más y todavía había cinco personas en la cola. Ya respiraba la gloria, como aquél que se acerca a la meta en una carrera de bicicletas. Estaba en esas, cuando entró otra llamada. El Mago.

Ahora me comenta que ya me esperan en la habitación, con hierba y música. Que no tarde. Me agobian las circunstancias del retorno.

Acabo de salir de un lío y entro a otro: el del taxi, en una hora pico.

En la siguiente llamada, quince minutos más tarde, El Mago me cuenta que han abierto el vino que dejé para los tres, que están aburridos, que me apure o me quedo sin parte del abreboca.

Es otra llamada y recién voy a medio camino, aunque el taxi vuela. El Mago me pregunta en qué lugar dejé los accesorios que preparé para el masaje, que nuestra invitada los quiere conocer.

Le respondo, ofuscada, que en diez minutos estoy ahí.

La quinta, sexta, séptima, octava, novena, décima, llamadas, las hago yo y es porque necesito que abran la puerta.

No me responden.

Toco el timbre una y otra vez.

Grito.

Golpeo la puerta.

Seguramente a este mago se lo tragó un agujero negro.

Ahora mismo lo puedo ver caer. Extasiado y con los ojos bien abiertos, agarrándose de esa oscuridad vacía y sin forma.

Y los flujos de lava, precipitándose hacia él para hacerlo parte de la llama líquida que espesa lo transforma.

Y destruye.

El efecto de la hipnosis ha terminado: con promesas rotas, con el silencio, y su desdén exagerado.

Está decidido: No más magos.

Magos de pacotilla.

Muela

Voy camino al dentista con un dolor de esos que no pueden esperar y, como es de costumbre, encuentro al guapo de mi vecino. Después de tres años de saludarlo he disimulado bien que no me gusta. Frontal he sido con otras personas, pero ahora no sé ni cómo responder su saludo, es tan enigmático que cuando lo veo su mirada me paraliza.

El doctor revisa la muela que me atormenta y dice "Tenemos que extraer, está muy inflamada la encía, la muela del juicio también necesita espacio, así podrá crecer sin dolor, y descuide, el hueco se suplirá por la nueva muela."

—Sáquela. No quiero sufrir más— le digo mientras lo miro, asustada.

—Tranquila, no dolerá.

Y resulta cierto, no siento mayor dolor gracias a la anestesia en estos infinitos trece minutos.

Me alarmo cuando mi boca se inunda de sangre caliente y asquerosa.

Soy algo quisquillosa y siento que tengo un chorro de menstruación en mi garganta. Esto de inmediato trae vomito a mi imaginación. Tan horrendo es el estremecimiento que antes de que el doctor diga escupa, yo he vaciado por completo mi estómago.

Luego, el doctor coloca en mis manos la receta: Una semana con pastillas cada ocho horas.

Una semana con dieta de cirugía.

Una semana con mi aliento a pescado muerto.

Una semana sin sexo.

¿Si vislumbran toda esta semana?

Yo sólo veo: ¡Catástrofe!

De regreso a casa, otra vez el vecino. Ya ni verlo me causa alegría. Bueno, ya saben que si, pero el espacio de mi muela sacada duele más que cuando estaba.

¡Ay! ¿Quién diablos entiende a estos hombres? ↓

Justo hoy se antoja de plantarme a conversar. Justo hoy. Y me pregunta si puedo almorzar con él. ¡Qué imprudente!

El cachete me late y, disimulando el chorro de sangre que se desprende de mi encía como borracho whiskero, no paro de escupir. Ni hablar bien puedo. Ni podía tragar saliva. Me fastidia el tapón que me puso el doctor para detener el sangrado de la ex muela.

Pero levantando mi sonrisa, le digo:

—Vamos, es hoy.

El conoce una hostería. Ahí iremos a comer.

Obvio que no pude comer en esa situación.

Luego, desde un balcón en la hostal, el vecino grita mi nombre.

¡Qué fastidio! ¿Acaso cree que estamos en la selva? ¿O

que soy sorda para gritarme así?

Subo con mi boca sangrando y, en cámara lenta, cada escalón es un paso al infierno.

Que no haga esfuerzo físico me dijo el doctor, pero desde que tengo memoria nunca hice caso. Mucho menos a los doctores.

Por la inflamación, los malestares durarán al menos tres días, dijo también.

Estoy con un mal sabor. No es mi día.

Me toca entrar de urgencia al baño. Escupir, y escupir.

Con la boca fresca, y el cuerpo ligero, salgo.

El vecino intenta sorprenderme, casi igual a como alguna vez lo soñé, con la excepción de que la cabeza de su miembro está cubierta por una piel estirada y rojiza, casi imposible de volver a describir.

Por lo visto, su madre no le ayudó en su aseo cuando era niño.

Esa imagen me resulta más espantosa que la muela latiendo o la sangre atestada en mi boca.

Entonces recuerdo que el doctor fue claro en la gravedad de mi caso.

Doy un salto como puedo.

Y corro a cumplir las prohibiciones médicas.

Silencio

Era una mujer que detestaba tanto el ruido que quién lo ocasionara podía resultar muerto.

Los de a lado, que parecían buenas personas, vivían enfiestados todo el tiempo. Los amigos que entraban y salían, las drogas, el escándalo, que perturbaría incluso a los muertos, la volvía loca.

Y, además, estaba el tipo que vendía periódicos en la calle. Desde el amanecer, no paraba de gritarle al mismísimo viento las desgracias de un mundo sin reparo. Con vidas sumergidas en la novelería, de una sociedad que cree en un dios inventado, obvio que él tampoco es culpable pero esa bruma auditiva tenía que parar.

Definitivamente, ya era hora de tomar cartas en el asunto.

Llamar a la policía no servía para esos asuntos. En realidad, para casi ninguno.

Tendría que hacerlo sola.

Empezó con el vendedor de malas noticias.

El turno siguiente lo obtuvieron los vecinos.

Sin embargo, no fue suficiente.

Sus hijos hacían que la vida fuera cada vez menos llevadera.

Igual su marido. Aunque él no tenía la voz grave, ni daba gritos fuertes, el leve temple de sus cuerdas vocales lanzaba preguntas repetitivas, más patéticas que la realidad.

Asfixiada por ese farfullo, decidió callarlo.

Después, fue lo de los niños.

Ya sola, la mujer no pudo lidiar con su propio eco y se arrancó las orejas.

Pero las canciones dibujaban su vida en las paredes. Y las paredes se balanceaban tanto que empezaron a romperse en recuerdos que caían sobre sus tímpanos.

El llanto no sació su garganta, las lágrimas cegaron sus ojos, y, frente al espejo vacío, su espectro sintió miedo de lo que iba a suceder.

Pretérito

Nuestro amor era como una burbuja que en la hierba revienta. Y yo como una niña a la que le gusta ver brillar los colores del arcoíris en gotas de espuma. En una gota que puede contener el mundo y como en un espejo calcarnos desde fuera. Una gota que cobra vida con el soplo y muere con mi impulso por retenerla.

Que no me digan que no te amé. Lo hice con locura, con miedo, con mis manos, con mis ojos, con mi lengua, con mi llanto, con mis besos, con mi silencio, con mi pelambre, con mis caderas, con mi coraje, con mis piernas, con mis celos, con mi sexo. Te amé con lo que tenía por dentro y por fuera, y cada vez perdía la cabeza.

Con un enjambre que se revuelca sobre mi cabeza, me quedo inmóvil. Pica, arde, carcome y se consume la paciencia. El latido caliente detona. Los circuitos que han dormido bajo el sol y la lluvia revientan.

Sin darnos cuenta se incendia nuestro castillo de papel.

Palabrerías

Me habla de la eternidad como si existiera, con la certeza que cuenta un niño sus historias, con el aliciente de que en otra dimensión la dicha espera.

Estoy a un tris de creérmelo todo porque es tan pura su sonrisa que no puedo negar que en la placidez de su mirada, en la franqueza de sus palabras, me veo renacer.

El trato es hacerlo sin restricciones, hasta estrellar los ojos como luciérnagas sobre el calor de los candiles, hasta ahogar los bramidos de nuestros cuerpos en las gargantas vacías, hasta que la carne se evapore, y se calcinen los huesos.

—El trato es hacerlo con el alma —le dijo—. No hay otra manera.

Y ella extendió sus brazos para que la boca de su hombre alcanzara sus ojos y se los bebiera en besos.

Llévame bailando

Seis meses han pasado y la antigua casa frente a la playa está deshabitada. El día de desalojar y ponerla en venta ha llegado.

Voy apresurada, tres horas antes que el camión de mudanza saque camas, repisas, cuadros, electrodomésticos, cajas, espejos, maletas, libreros, libros.

Y recuerdos.

Bajo de la bicicleta, camino por el patio delantero, tan lleno de color como cuando viví ahí. Respiro profunda y pausadamente la fragancia, tan viva como ahora la memoria.

En cuanto me acerco a la puerta, oigo la canción: *Dance me to the end of love*. La he disfrutado tantas veces que debe reproducirse en mi oído sin ningún misterio. Pero, abrumada por la nostalgia, la música se exterioriza.

Entro a la sala y la intriga me carcome las uñas, se intensifica el sonido de aquella canción.

Definitivamente la tristeza juega con mi sensibilidad y Leonard Cohen retumba, ahora no en mi mente, no en mi oído, esa canción sale de las paredes y con más fuerza en el dormitorio que ocupé con mi difunto esposo.

Me cuesta creer que haya quedado encendido algún aparato.

Doy los pasos que faltan para llegar hacia la habitación, y la puerta entreabierta me confirma que la canción se reproduce en mi pequeño parlante.

El dormitorio es amplio, pero no más de tres metros me separan de la cama, y mi cabeza cabe en la línea que forma la puerta. Es como una entrada a una dimensión secreta. No me acerco más, no es necesario porque desde aquí distinguen bien mis ojos a la mujer a la cual mi esposo le succiona la vagina.

Este episodio no habría existido ni en mis mejores

sueños, es una locura presenciarlo.

Con la sangre helada y sin hacer ruido, camino lentamente hacia el baño.

Me quedo fija en el espejo, me reconozco, respiro frente a mí, y el vapor de la angustia se esparce sobre todo en el cristal.

Regreso y sigue ese absurdo desperfecto: la sensación de vivir en el pasado, en otro tiempo que no es real, que no es dejavú, sino un presente trastocado.

Froto mis ojos y vuelvo a observar desde la puerta entreabierta.

Lo confirmo.

Esa mujer tiene mi vagina. Tiene mi ombligo, tiene mis cabellos, tiene mis piernas, tiene mi rostro. Esa mujer soy yo cuando tenía veinte años.

Me turba la idea, pero me alegro de ser yo y no una desconocida. Es mi vida que se repite por duplicada y a destiempo.

La saliva que intento tragar se adhiere al paladar.

No me hago preguntas, quiero regresar a mi realidad pero no sola. Quiero que sea con él y que ella sea la de ahora.

Inhalo más que aire, recuerdos.

Preciso que la única forma de salir del asombro es entrar a la habitación: romper el silencio, quedarme en esa línea de tiempo.

Unirme a ellos.

Sábado

Desde el lunes estuve ansiosa porque llegase el sábado.

El viernes por fin pude alistar mi mochila para el día de campo, metí dulces, la cámara y un libro.

Imaginaba cabalgar la mañana entera, hacer carreras de velocidad y medir los tiempos, y trucos, con los caballos de la finca de mi abuelo.

Tenía la adrenalina fermentada desde hacía meses porque, por dedicarme a estudiar, ni siquiera había ido al mar el primer trimestre del año.

Desperté a las seis de la mañana para ir con mis primos y tías, para luego reunirnos con los demás miembros de mi familia materna que llegaban de diversos lugares a la convivencia anual.

Ellos son puntuales cuando se trata de viajes, yo no. Me han dejado una docena de ocasiones, aunque mi abuela diga "hay que esperarla un poquito más".

Lo cierto es que a mí tampoco me gusta esperar, yo mismo me hubiera dejado botada unas mil veces. Así que no hay reclamos al respecto, si me toca ir en transporte público igual llego, conozco bien el camino. Pero mi abuela me tiene paciencia y hace que me esperen.

Ya en camino, tardamos veinte minutos en pasar al vecino cantón, ahí las calles tienen más huecos que una coladera, grietas que debía evadir el conductor.

El doble de tiempo nos hicimos en ir del centro a la finca, con la gran diferencia que el ancho río y el aroma del paisaje lleno de naranjos y mandarinas disminuían mi impaciencia.

Soy la primera en bajar del carro, saludo a la familia que ha llegado desde el día anterior, y a la que le ha tocado preparar la convivencia.

Mientras dos charoles de bocaditos me reciben, uno de dulce, otro de sal, mis ojos brillan y elijo dos enrollados de manjar más seis chocolates.

Preparo mi cámara y doy vueltas por la fiesta. La pista

es del tamaño de una cancha de fútbol, lo demás es montañas y río. Me topo con letreros de madera para la ocasión, mesas, frutas, hamacas, juegos: Voy por los laberintos verdes, siguiendo el camino de globos, paso por los plataneros que rodean los arboles de robles, y el olor frutal de la cosecha me eleva el ánimo tremendamente, mango y guayaba.

Los caballos, a la expectativa de mis movimientos. Dieciséis ojos mirándome, justo como mi edad.

Me acerco y algunos se alejan. LA los que se quedan, les ofrezco unas mazorcas.

Agarro la montura y se la coloco al cenizo, es el único que no relinchó al verme.

Lo monto suavemente, sostengo las riendas y lo

dirijo a un lugar sin mucha vegetación.

Vamos por la planicie a pulso constante, su trote es como el latido incesante de la música clásica, los aires naturales del caballo siempre tienen ritmo, su galope es mejor que escucharme cantar.

Trato de ser buena jinete y tomo el tiempo en ir y volver. Continuamos a toda velocidad esos ocho kilómetros que nos separan de la fiesta familiar, sofocados por el sol.

A unos metros de la fiesta, hago un saludo general desde el caballo, afirmo mis pies en los estribos y, en el instante en que me preparo para bajar, se desprende de los grandes parlantes un estruendo. Retumba en mí, doblemente, y el caballo relincha y brinca, lanzándome al piso.

Intuyo el silencio.

Y el llanto se ahoga dentro de mí.

Los primos tratan de auxiliarme, pero he caído boca abajo y no siento mis extremidades. Así que es mejor esperar socorro de los adultos.

Mi tía me hace preguntas para valorar la gravedad del accidente.

Aunque tengo mucho dolor en un pie, logro mover mis piernas pero mis brazos arden.

Mi madre y mis tías me voltean lentamente, el llanto se desprende como el escozor dentro de mis huesos. Mi padre y mi tío logran subirme con cuidados extremos al auto.

La familia decide llevarme al consultorio privado de un doctor que hace horas extras en un hospital.

Me colocan en una camilla para valorar los daños. El médico, al escuchar el relato y preguntarme dónde me duele, diagnóstica a priori y la radiografía confirma la sospecha. El radio, quebrado, el cúbito, fisura, y el peroné, ambos daños.

Ya sé que no voy a morir, aun así entro en desesperación por las inyecciones que van a recibir mi brazo y mi pierna. Tratan de calmarme, es evitable tanto escándalo.

El enfermero saca a mi familia de la sala de emergencias para bajar mi tensión.

El doctor me seca el rostro, empapado de sudor y lágrimas. Dice que, por la edad, los huesos pegaran en ocho semanas, que no necesito fijación de fractura con clavos.

Esa noticia es buena a pesar de lo que me espera.

Los masajes en mi brazo para acomodar el hueso antes de ser enyesado van de suaves a intensos.

El inicio me atemoriza pero el doctor intenta distraer mi atención preguntándome sobre mi vida y compartiéndome la suya, y así voy relajándome, gritando, llorando y respondiendo a cada pregunta.

El mentol que me coloca en el brazo, enfría mi sangre y separa la carne del hueso.

Él hace bien su trabajo, pero nunca he soportado estas situaciones. Un remezón se produce en mi brazo, en mi cerebro, en mi corazón, y lanzo a un lado mi pierna útil.

Mis fuerzas aumentan, trato de levantarme de la camilla entre gritos y forcejeos como si estuviera en una batalla y el doctor fuese mi contrincante.

—La lucha continúa —dice el doctor, con una sonrisa, porque ha hecho la colocación del hueso y ahora puede envolver el brazo con la escayola.

Los cornetes nasales obstruyen mi respiración, deben estar tan hinchados como las amígdalas, como mis ojos, como mi cara, como mis brazos, como los tímpanos del enfermero, y, tal vez, como los testículos del doctor, porque cualquiera que me atienda en situaciones médicas se queja de mi fobia a las inyecciones, que termina con nervios, ahogo, o llanto exagerado.

Su mano izquierda aparta de mi rostro el cabello desordenado. Me mira con cansancio y tristeza. Sabe que con la reducción que hará en el hueso de la pierna podría desmayarme o hasta morir de la impresión. Pero se arriesga con la misma estrategia: hablarme, y masajes. Lentos.

Lo tomo de una mano y le suplico que aún no inicie la colocación con la pierna, que espere.

Bebo un poco de agua.

—No debemos dejar que el hueso se enfríe —dice-. Deje todo en mis manos.

Promete que voy a estar mejor, y lo afirma con su sonrisa mientras su mano derecha, empapada de mentol, hace camino.

Ahora va entre mis piernas, debajo de la bata blanca, y sobre mi vulva. Dentro de mi, resbalan sus dedos largos. Noto la exuberancia de mi clítoris con la absorción del mentol.

Voy estremeciéndome de frío con los ojos cerrados y la vagina goteando hielo.

La pierna se templa, está muy rígida, con un peso exagerado, provocado por la colocación.

Grito, lloro, quiero saltar de la camilla.

Él me pide que espere, que es hora de meterlo.

Él pone más mentol y sus dedos se agitan, mis lágrimas reaparecen, mi desesperación aumenta.

—Tranquila —dice—. Falta muy poco.

—Para mi orgasmo también falta poco —estoy a punto de decirle.

Y, justo en el momento perfecto, llega el chasquido.

Son mis huesos que han sido acomodados. Y el dolor ha sido aplacado con el orgasmo.

Las lágrimas caen, pero sonrío. El doctor sabe lo que hace.

Luego, continúa concentrado envolviendo de yeso mi pierna.

Ahora, lo que anhelo es que pasen rápido dos meses para volver.

Y que sea él quien me despoje de las escayolas.

Lucas

Desesperada, doy vueltas en el dormitorio, con la escoba en una mano y tratando de abrir los ventanales con la otra.

Grito con mi garganta estresada:

—¡Voy a matarlos a todos!

Lucas me paraliza con su ensordecedor llanto a tal punto que apaga mi voz.

—¡No nos mates! ¡Te lo suplico, por favor, mamita!

—Deja el escándalo —le grito, sin darme cuenta que yo misma hago ruido—. ¡Lárguense y dejen de dar vueltas aquí!

—Pero esta es nuestra casa. Aquí vivimos.

-Sólo vienen a alborotar mi calma y a hacer ruido.

-Entonces ándate a vivir a otro lado.

-¡Cállate, Lucas! Respeta, por favor.

-Éste es nuestro hogar y tú no lo respetas.

—No podemos vivir así, Lucas, con guano en el ambiente. Puede ser peligroso para nuestros pulmones y eso es más grave.

—Te prometo que construiré baños para que no ensucien el techo ni el jardín.

—No se trata de eso, mi amor, es nuestra salud —le insisto.

-Entones tú no amas a los animales. Eres una hipócrita, como todo el mundo.

—Eres injusto. Yo fui quién te enseñó a cuidar la naturaleza. A amarla.

—¿Y entonces por qué no nos quieres aquí? ¿Solo porque chillamos y somos feos?

—Cada criatura tiene sus características, bien lo sabes, pero no es bueno que te vengan a visitar. Ellos tienen que hacer sus casas lejos de nosotros, los humanos.

—Hace años había muchos árboles aquí, y es aquí donde vivieron nuestros antepasados. Y por eso vienen por mí.

—Todo es probable.

—Polinizamos las flores, así como las abejas que te gustan tanto, aunque te piquen. Sin nosotros se extinguirían muchas plantas que sólo en las noches se abren. ¿No puedes entender que somos muy importantes?

—Lo son, Lucas. Pero la decisión está tomada. Tienen que irse: El planeta es ancho.

—Entonces yo también me voy.

—¿Te vas? ¿Estás loco?

—Tengo adeeene de murciégalo. ¿No lo recuerdas?

—Ya hemos hablado de esto, Lucas. Tú eres humano. Así que sácate ese disfraz de Batman y termina tu tarea. Ya fuiste murciélago por mucho tiempo.

Cansada de todo, decido darme una refrescante ducha.

Cuando salgo los murciélagos se han ido.

Y también Lucas.

Sombra

Leo en voz alta para olvidar a quien me observa.

Sus ojos buscan atemorizarme, siento la intensidad de su mirada en la oscuridad.

Cara no tiene, ojos tampoco, pero ahí está, ocupando todos los espacios de la habitación, removiendo miedos.

Su espesor me asfixia lento, el chasquido de sus dedos me hipnotiza. Lo observo mejor, no tiene manos, mucho menos dedos. No distingo de dónde nace aquel sonido.

Debe ser mi sombra que desde esa noche está

incompleta, desde esa noche no es mía. Debe ser ella quién me quiere dar un susto peor que el que sufrí cuando la descubrí ahorcando a ese hombre, y tuve que salvarlo.

Es por ella que desde esa noche siento que la muerte me alcanza, y una fuerza que me quita el aire a pleno sol divaga libre y en mi contra.

Es ella misma la que ahora está aquí, escuchando lo que leo.

Quince

Soy lectora voraz de temáticas sexuales. Me llama la atención que en la mayoría de revistas, libros y páginas web, mencionen el orgasmo, y que llegar a él se describa como un deleite. Debo confesar que me hace ilusión mi primer encuentro sexual.

En las noches, antes de dormir cuando mis dedos despiertan el apetito evoco historias leídas y releídas, practico movimientos del clítoris, los puntos calientes, busco el punto G y todas las partes sensibles de mi cuerpo. Y mientras, recreo un prototipo de hombre con dotes qué, según las sexólogas, son necesarias.

Ahora estoy de vacaciones en casa de uno de mis primos. Hay una parrillada con invitados que me duplican la edad. Algunos conocidos.

Sólo a uno de ellos no le gusta el futbol. Lo conozco desde hace cinco años. Con algo de confianza, se sienta a mi lado. Los otros ven el partido mientras se llenan la boca de comida. Qué tipos para más aburridos, me digo mientras los observo de reojo.

El ruido que sale de la pantalla, más algunos gritos fanáticos, me impiden disfrutar con claridad las palabras del caballero que tengo a mi lado. Aun así, no le quito la mirada de encima. Sus ojos son un océano que se expande frente a mí. Qué hermoso color. Siento que esos ojos me hipnotizan. Me introduzco en ese azul turquesa hasta perderme.

—Vamos a dar un paseo —me susurra.

Dejo que sus pasos se alejen por el pasillo. Luego me levanto. Y como pistas colocadas para reaccionar al juego, están: la puerta de la habitación de huéspedes entre abierta y la lámpara encendida.

Esperándome.

Ingreso y delante de mis ojos sus manos sostienen lo que sólo en mi mente había existido.

Parece ser una escultura tallada en piedra y con tal delicadeza que cada pliegue y cada vena desprende testosterona. Aunque no sé ni qué hacer, ni como llevar el juego, mi deseo aumenta.

Sin poder ocultar la picardía le digo:

—Sígueme

No estuviese en esas, si su personalidad no encajara con la mía.

El hombre de ojos de mar atiende mi apetito y me sube la falda mientras se sienta en la cama frente al espejo.

Hace un mes cumplí´quince.

Ha llegado el día y el hombre elegido. Ardo por dentro y por fuera. Mi rostro enrojece mientras desprendo fluidos que se pierden en su boca.

Él se coloca doble preservativo porque ni la fuerza de sus dedos ni el filo de sus uñas han logrado romper mi himen.

Luego voy sobre él, me desespera el dolor, pero me besa, me muerde. Cada caricia es tan intensa y prolongada que trato de olvidar todo lo que me duele.

Es imposible que su pene entre, aunque cada vez aumenta la fuerza con la que empuja su cuerpo. Seguimos en la lucha otros veinte minutos.

Mi himen parece de hierro, una puerta impenetrable. Me causa frustración. Mis lágrimas se pierden con los gemidos, es doloroso y el hombre de ojos mar me inunda de besos para que calme mi llanto. En ningún lado leí que doliera tanto. Maldigo haberme apresurado.

Lloro tanto. Y, de pronto, dejo el llanto de golpe porque me asusta el bramido de euforia que sale de su garganta. El llanto apagado de mi carne sin fuerzas se torna mudo. Abrigo con mis manos mis partes afiebradas y con sangre. Descubro la fragilidad de mi cuerpo que ni con placer ha disimulado.

El hombre ojos de mar se levanta asustado, me abraza el vientre y las piernas. Limpia el sudor y la sangre para que no escurran en mi piel. Se disculpa por tanto sufrimiento. Me besa en la frente y dice:

—La primera vez siempre es inolvidable.

Cazador

Rodeado de millones de
estrellas has elegido la menos
brillante
pero esta no muere mientras tus
ojos sigan la brújula
que devuelve el timón a los
navegantes de mares remotos,
como un mapa que muestra
tesoros perdidos
a los caminantes de nubes.
Esta estrella de fuego se
mantendrá viva para ti
en la vasta inmensidad del
cielo roto.
En este tiempo y cualquier otra
historia
el cazador de estrellas señala
a Venus con la nariz
y nace la lluvia que brota de
las entrañas,

se evapora en el tiempo y
vuelve el fuego de la madre
tierra
a derretir cuerpos,
a fundir almas,
una vez más.

Seré

Dos tazas de café y leche se desbordan en una almohada

hormonas roban la tranquilidad

olas que ahogan su rostro

Ella grita el maldito tango

"Loco mío"

y aunque nadie la sienta

él verá dormido su lengua bailar.

Porque cuando no la escuches

ella será el llanto de un niño perdido

la anciana sin su único bastón

una paloma que perdió el nido

aquella planta que olvidaste regar

el frío viento que toca tu ventana.

Y cuando surques las nubes de algodón

no solo pensarás en los dinosaurios amarillos

también arderá tu pecho partido

querrás tocar las puertas de la felicidad

y volver a respirar el cálido aire.

Porque cualquier número impar te recordará

que hay océanos sin peces, ríos sin caudal

libros inutilizados, o cuentos sin terminar

Seré un puñado de arena al
vacío

una bala malgastada que
revienta sesos

Cualquier desatino seré.

Ven conmigo a cenar

Solo pondré una condición en mi reino: No mires los espejos.

Y en la mesa hay esperándote en un plato

una fruta vestida de mujer

Si, ella, tu dama

y la corriente de vino que ahoga la superficie

empapa sus nalgas blancas de púrpura

También el plato tiene uvas verdes y negras

en la mesa bananas pequeñas y grandes, verdes y maduras

fresas, arándanos, duraznos

todo lo que desees poseer será tu alimento

que entrarán por tus ojos y con el aroma

se mezclarán con desbordante imaginación

hasta saciar por completo tus sentidos

la observación también es un banquete

tus manos se atestarán de gozo

hasta que las yemas dactilares perciban la dulzura de la miel

sobre la sandía desnuda

que los dedos salten como pequeños hombrecitos

con vida propia

y se deslicen a velocidad por
las calles oscuras de las
avenidas sin salida

aliméntate de la jugosa fruta
mientras preparas la mesa con
rosas y besos

a toda hora música para
equilibrar la energía de los
cuerpos

ven y bebe agua de tu fuente

embriaga la lengua de poesía

aliméntate de mí.

Averno

Él es el sol rojo

que continúa tatuado en mi retina

calentando la sangre

mientras el largo tendedero en el que cuelgan las nubes

es un torbellino magenta que le abre paso a noche

solo queda el murmullo de los desencuentros

la oscuridad nos cubre por completo

mientras le digo:

no más batallas con los ojos cerrados

basta ya de tanto ruido

no intentes mirar por las persianas

acércate a la puerta

no te conviertas en sal

ven y extiéndeme tus brazos

deja que repose mi cabeza en tu pecho

necesito ese eterno palpitar.

Vamos a exorcizar todos los fantasmas de nuestro castillo

ven y deja que tu mano me despierte de las recurrentes pesadillas

y que los resultados te salven del enfado

ven y deja que los demonios se postren ante ti

ven y no mires atrás

contempla el paisaje fértil y
súbete a la montaña

dile al mundo que has decidido
crear otro universo

ser agua, ser fuego, ser
tierra, ser inmortal.

82

Bicordio

Sinfonías sacuden el reloj

y el revoloteo de aves
inquietan la orilla

figuras musicales se trazan en
mi espalda

al vaivén de un arco que luego
son dedos

esas cerdas flexibles que
frotan

se alinean a pulso firme

y con delicado tesón sobre mi
piel o la madera.

Mientras los ventanales
abiertos se tragan el sol

para enmarcarlo en la pared

el ruido insoportable de los
carros no toca nuestros
sentidos

la gata que acompaña la escena
también rasgaba el sofá.

Son gemidos contagiados de
risas

caricias que me transbordaban a
otro planeta

donde no es suficiente todo el
oxígeno para resistir

sin dejar de disfrutar ese
efecto de la combustión

y ver salir de mi boca besos.

Gasparín

Recuerdo su blancura en la
oscuridad
como un fantasma haciéndome el
amor
me poseía sin dejar un cabello
suelto
se estremecía entre mis
piernas
tocaba mi alma
pudo fusionarse con el viento
y volar por los techos.

Fue insólito.

De su cabeza se desprendían
largos manojos
como tentáculos de pulpo
que me abrazaban hasta verme
dormir.

Delirios

Descansa un libro entre mis
piernas
se incendia Spinetta y no para
de cantar
hasta parece que el sol del
medio día
me penetra con su fuerza.

Mis ojos se apagan
alivio el pensamiento
y la mano que despierta el
apetito
acaricia mi sexo,
al instante
siento sus dientes morder mis
pliegues
veo sus dedos provocar más
humedad

escucho su lengua saborearme
dentro.

¡Despierto!

Y sé que fue dios
un orgasmo que me dejó exhausta
la imaginación que libera mi
cuerpo
el sol que me hizo sudar.

Follaje

Recrea su mundo
con la fisonomía de las rosas
y el deleite de los pervertidos
Lo hace porque ella lo observa
abre los sépalos de las flores
para que el capullo se agrande
pistilos de miel en su lengua
su olfato entre pliegues.

Toma el camino retorcido
para encontrar a quién deambula
el jardín
con tesoros entre sus dedos
fiel devoto.

El jardinero
guarda la mano izquierda en su
bolsillo
y saca gotas de placer
recrea su mundo para seducirla
Su piel en cada pétalo.

De ti

Necesito esas miradas
que me arranquen la ropa antes
de salir a la calle
y quedarme bailando con tus
ojos un vals
no querer encender otra melodía
porque la música sale de ti
necesito esa lúcida locura
saciarme de besos los hombros
leer una poesía con tu boca
y luego sentir el leve mordisco
del amor
cada imagen creada
cada palabra pensada necesito
de ti.
Porque cuando las olas olvidan
su vaivén en mi oído
regresa el silencio y duermo
abrazada a la almohada
tu recuerdo me abriga

me abriga tanto que no quiero
abrir los ojos
me abriga tanto que despierto
y te tengo
mirándome al otro lado de la
cama
jugando con mí pelo
contándome historias.

Tumbos

Hoy el sonido del mar me turba
no intento concentrarme en la
prosa que persiguen mis ojos
he leído muchas veces el mismo
cuento
ya perdí los números
tal vez diez
ya olvidé las palabras
porque las gruesas líneas que
tejen esta historia
me deja devastada a velocidad
como grandes mareas que cambian
el paisaje de la costa
ya nada es igual.
Las gaviotas me cuentan cómo
están las cosas
cómo va la vida
Levanto la mirada vacía
no hay nada afuera

aquello que me abruma está
dentro de mí
y desde la orilla quisiera
regresar
subirme a este gran oleaje de
promesas
salpicar una vez más de brisa
nuestros rostros
pero es hora de soltarte
dejar tu mano libre
borrar el desgarro de felicidad
por los recuerdos
tragarme esta nostalgia sin
límites
por lo que nos faltó vivir

Caída

Despierto como en otro planeta
con la respiración acelerada
una habitación vacía
el último recuerdo me sacude
por dentro
es un hombre que me lleva en
sus brazos
mientras me besa hasta
arrancarme la boca
por un largo tiempo creo que es
irreal
pero no puedo apartarlo de mí
aquellos minutos se han
convertido en lo único que
añoro
como si antes nada ni nadie
haya acariciado con tanto
deseo.

Mis manos arden por tocarlo

es necesario retornar a esos brazos
descubrir si la conexión es una simple chispa de electricidad
o es una hoguera de las que se encienden y nunca mueren.

Reconstruyo los hechos
solo con las sensaciones que le arrebato a mi memoria
y vuelvo
y me quedo con él de la única manera en que puedo.

Sólo en sueños.

Vértigo

Quiero caer en esos ojos
antes de cerrar las cortinas
cuando se haya borrado por completo el arcoíris
y los colores se conviertan en nubes sin distinción
quedarme tatuada en el blanco de tu memoria
donde solo se escuche el susurro del mar
garabatear las olas que bañan tus pies
vivir perdida en ese paisaje de eterna luz
ser la sombra inquieta y perversa que te seduce
esa mancha imborrable de tu página en blanco
permanecer invicta hasta el final.

Made in the USA
Middletown, DE
17 October 2024